中华人民共和国对外关系法
中华人民共和国反外国制裁法
实施《中华人民共和国反外国制裁法》的规定

中国法治出版社

中华人民共和国对外关系法
中华人民共和国反外国制裁法
实施《中华人民共和国反外国制裁法》的规定
ZHONGHUA RENMIN GONGHEGUO DUIWAI GUANXIFA
ZHONGHUA RENMIN GONGHEGUO FAN WAIGUO ZHICAIFA
SHISHI《ZHONGHUA RENMIN GONGHEGUO FAN WAIGUO ZHICAIFA》DE GUIDING

经销/新华书店
印刷/保定市中画美凯印刷有限公司
开本/850毫米×1168毫米　32开　　　　　　印张/0.75　字数/10千
版次/2025年4月第1版　　　　　　　　　　2025年4月第1次印刷

中国法治出版社出版
书号 ISBN 978-7-5216-5262-8　　　　　　　　　定价：5.00元

北京市西城区西便门西里甲16号西便门办公区
邮政编码：100053
　　　　　　　　　　　　　　　　　　　　传真：010-63141600
网址：http://www.zgfzs.com　　　　　编辑部电话：010-63141673
市场营销部电话：010-63141612　　　　印务部电话：010-63141606

（如有印装质量问题，请与本社印务部联系。）

目　录

中华人民共和国对外关系法 ………………………（1）
中华人民共和国反外国制裁法 ……………………（12）
实施《中华人民共和国反外国制裁法》的
　　规定 ………………………………………………（16）

中华人民共和国对外关系法

（2023年6月28日第十四届全国人民代表大会常务委员会第三次会议通过　2023年6月28日中华人民共和国主席令第7号公布　自2023年7月1日起施行）

目　录

第一章　总　　则
第二章　对外关系的职权
第三章　发展对外关系的目标任务
第四章　对外关系的制度
第五章　发展对外关系的保障
第六章　附　　则

第一章　总　　则

第一条　为了发展对外关系，维护国家主权、安全、发展利益，维护和发展人民利益，建设社会主义现代化强国，实现中华民族伟大复兴，促进世界和平与发展，推动构建人类命运共同体，根据宪法，制定本法。

第二条 中华人民共和国发展同各国的外交关系和经济、文化等各领域的交流与合作，发展同联合国等国际组织的关系，适用本法。

第三条 中华人民共和国坚持以马克思列宁主义、毛泽东思想、邓小平理论、"三个代表"重要思想、科学发展观、习近平新时代中国特色社会主义思想为指导，发展对外关系，促进友好交往。

第四条 中华人民共和国坚持独立自主的和平外交政策，坚持互相尊重主权和领土完整、互不侵犯、互不干涉内政、平等互利、和平共处的五项原则。

中华人民共和国坚持和平发展道路，坚持对外开放基本国策，奉行互利共赢开放战略。

中华人民共和国遵守联合国宪章宗旨和原则，维护世界和平与安全，促进全球共同发展，推动构建新型国际关系；主张以和平方式解决国际争端，反对在国际关系中使用武力或者以武力相威胁，反对霸权主义和强权政治；坚持国家不分大小、强弱、贫富一律平等，尊重各国人民自主选择的发展道路和社会制度。

第五条 中华人民共和国对外工作坚持中国共产党的集中统一领导。

第六条 国家机关和武装力量、各政党和各人民团体、企业事业组织和其他社会组织以及公民,在对外交流合作中有维护国家主权、安全、尊严、荣誉、利益的责任和义务。

第七条 国家鼓励积极开展民间对外友好交流合作。

对在对外交流合作中做出突出贡献者,按照国家有关规定给予表彰和奖励。

第八条 任何组织和个人违反本法和有关法律,在对外交往中从事损害国家利益活动的,依法追究法律责任。

第二章 对外关系的职权

第九条 中央外事工作领导机构负责对外工作的决策和议事协调,研究制定、指导实施国家对外战略和有关重大方针政策,负责对外工作的顶层设计、统筹协调、整体推进、督促落实。

第十条 全国人民代表大会及其常务委员会批准和废除同外国缔结的条约和重要协定,行使宪法和法律规定的对外关系职权。

全国人民代表大会及其常务委员会积极开展对外交往,加强同各国议会、国际和地区议会组织的交流与合作。

第十一条　中华人民共和国主席代表中华人民共和国，进行国事活动，行使宪法和法律规定的对外关系职权。

第十二条　国务院管理对外事务，同外国缔结条约和协定，行使宪法和法律规定的对外关系职权。

第十三条　中央军事委员会组织开展国际军事交流与合作，行使宪法和法律规定的对外关系职权。

第十四条　中华人民共和国外交部依法办理外交事务，承办党和国家领导人同外国领导人的外交往来事务。外交部加强对国家机关各部门、各地区对外交流合作的指导、协调、管理、服务。

中央和国家机关按照职责分工，开展对外交流合作。

第十五条　中华人民共和国驻外国的使馆、领馆以及常驻联合国和其他政府间国际组织的代表团等驻外外交机构对外代表中华人民共和国。

外交部统一领导驻外外交机构的工作。

第十六条　省、自治区、直辖市根据中央授权在特定范围内开展对外交流合作。

省、自治区、直辖市人民政府依职权处理本行政区域的对外交流合作事务。

第三章 发展对外关系的目标任务

第十七条 中华人民共和国发展对外关系，坚持维护中国特色社会主义制度，维护国家主权、统一和领土完整，服务国家经济社会发展。

第十八条 中华人民共和国推动践行全球发展倡议、全球安全倡议、全球文明倡议，推进全方位、多层次、宽领域、立体化的对外工作布局。

中华人民共和国促进大国协调和良性互动，按照亲诚惠容理念和与邻为善、以邻为伴方针发展同周边国家关系，秉持真实亲诚理念和正确义利观同发展中国家团结合作，维护和践行多边主义，参与全球治理体系改革和建设。

第十九条 中华人民共和国维护以联合国为核心的国际体系，维护以国际法为基础的国际秩序，维护以联合国宪章宗旨和原则为基础的国际关系基本准则。

中华人民共和国坚持共商共建共享的全球治理观，参与国际规则制定，推动国际关系民主化，推动经济全球化朝着开放、包容、普惠、平衡、共赢方向发展。

第二十条 中华人民共和国坚持共同、综合、合作、可持续的全球安全观，加强国际安全合作，完善参与全球安全治理机制。

中华人民共和国履行联合国安全理事会常任理事国责任，维护国际和平与安全，维护联合国安全理事会权威与地位。

中华人民共和国支持和参与联合国安全理事会授权的维持和平行动，坚持维持和平行动基本原则，尊重主权国家领土完整与政治独立，保持公平立场。

中华人民共和国维护国际军备控制、裁军与防扩散体系，反对军备竞赛，反对和禁止一切形式的大规模杀伤性武器相关扩散活动，履行相关国际义务，开展防扩散国际合作。

第二十一条 中华人民共和国坚持公平普惠、开放合作、全面协调、创新联动的全球发展观，促进经济、社会、环境协调可持续发展和人的全面发展。

第二十二条 中华人民共和国尊重和保障人权，坚持人权的普遍性原则同本国实际相结合，促进人权全面协调发展，在平等和相互尊重的基础上开展人权领域国际交流与合作，推动国际人权事业健康发展。

第二十三条 中华人民共和国主张世界各国超越国家、民族、文化差异，弘扬和平、发展、公平、正义、民主、自由的全人类共同价值。

第二十四条 中华人民共和国坚持平等、互鉴、对话、包容的文明观，尊重文明多样性，推动不同文明交流对话。

第二十五条 中华人民共和国积极参与全球环境气候治理，加强绿色低碳国际合作，共谋全球生态文明建设，推动构建公平合理、合作共赢的全球环境气候治理体系。

第二十六条 中华人民共和国坚持推进高水平对外开放，发展对外贸易，积极促进和依法保护外商投资，鼓励开展对外投资等对外经济合作，推动共建"一带一路"高质量发展，维护多边贸易体制，反对单边主义和保护主义，推动建设开放型世界经济。

第二十七条 中华人民共和国通过经济、技术、物资、人才、管理等方式开展对外援助，促进发展中国家经济发展和社会进步，增强其自主可持续发展能力，推动国际发展合作。

中华人民共和国开展国际人道主义合作和援助，加强防灾减灾救灾国际合作，协助有关国家应对人道主义紧急状况。

中华人民共和国开展对外援助坚持尊重他国主权，不干涉他国内政，不附加任何政治条件。

第二十八条 中华人民共和国根据发展对外关系的需要，开展教育、科技、文化、卫生、体育、社会、生态、军事、安全、法治等领域交流合作。

第四章　对外关系的制度

第二十九条 国家统筹推进国内法治和涉外法治，加强涉外领域立法，加强涉外法治体系建设。

第三十条 国家依照宪法和法律缔结或者参加条约和协定，善意履行有关条约和协定规定的义务。

国家缔结或者参加的条约和协定不得同宪法相抵触。

第三十一条 国家采取适当措施实施和适用条约和协定。

条约和协定的实施和适用不得损害国家主权、安全和社会公共利益。

第三十二条 国家在遵守国际法基本原则和国际关系基本准则的基础上，加强涉外领域法律法规的实施和适用，并依法采取执法、司法等措施，维护国家主权、安全、发展利益，保护中国公民、组织合法权益。

第三十三条 对于违反国际法和国际关系基本准则，危害中华人民共和国主权、安全、发展利益的行为，中华人民共和国有权采取相应反制和限制措施。

国务院及其部门制定必要的行政法规、部门规章，建立相应工作制度和机制，加强部门协同配合，确定和实施有关反制和限制措施。

依据本条第一款、第二款作出的决定为最终决定。

第三十四条 中华人民共和国在一个中国原则基础上，按照和平共处五项原则同世界各国建立和发展外交关系。

中华人民共和国根据缔结或者参加的条约和协定、国际法基本原则和国际关系基本准则，有权采取变更或者终止外交、领事关系等必要外交行动。

第三十五条 国家采取措施执行联合国安全理事会根据联合国宪章第七章作出的具有约束力的制裁决议和相关措施。

对前款所述制裁决议和措施的执行，由外交部发出通知并予公告。国家有关部门和省、自治区、直辖市人民政府在各自职权范围内采取措施予以执行。

在中国境内的组织和个人应当遵守外交部公告内容和各部门、各地区有关措施，不得从事违反上述制裁决议和措施的行为。

第三十六条 中华人民共和国依据有关法律和缔结或者参加的条约和协定，给予外国外交机构、外国国家官员、国际组织及其官员相应的特权与豁免。

中华人民共和国依据有关法律和缔结或者参加的条约和协定，给予外国国家及其财产豁免。

第三十七条 国家依法采取必要措施，保护中国公民和组织在海外的安全和正当权益，保护国家的海外利益不受威胁和侵害。

国家加强海外利益保护体系、工作机制和能力建设。

第三十八条　中华人民共和国依法保护在中国境内的外国人和外国组织的合法权利和利益。

国家有权准许或者拒绝外国人入境、停留居留，依法对外国组织在境内的活动进行管理。

在中国境内的外国人和外国组织应当遵守中国法律，不得危害中国国家安全、损害社会公共利益、破坏社会公共秩序。

第三十九条　中华人民共和国加强多边双边法治对话，推进对外法治交流合作。

中华人民共和国根据缔结或者参加的条约和协定，或者按照平等互惠原则，同外国、国际组织在执法、司法领域开展国际合作。

国家深化拓展对外执法合作工作机制，完善司法协助体制机制，推进执法、司法领域国际合作。国家加强打击跨国犯罪、反腐败等国际合作。

第五章　发展对外关系的保障

第四十条　国家健全对外工作综合保障体系，增强发展对外关系、维护国家利益的能力。

第四十一条　国家保障对外工作所需经费,建立与发展对外关系需求和国民经济发展水平相适应的经费保障机制。

第四十二条　国家加强对外工作人才队伍建设,采取措施推动做好人才培养、使用、管理、服务、保障等工作。

第四十三条　国家通过多种形式促进社会公众理解和支持对外工作。

第四十四条　国家推进国际传播能力建设,推动世界更好了解和认识中国,促进人类文明交流互鉴。

第六章　附　　则

第四十五条　本法自 2023 年 7 月 1 日起施行。

中华人民共和国反外国制裁法

(2021年6月10日第十三届全国人民代表大会常务委员会第二十九次会议通过 2021年6月10日中华人民共和国主席令第90号公布 自公布之日起施行)

第一条 为了维护国家主权、安全、发展利益,保护我国公民、组织的合法权益,根据宪法,制定本法。

第二条 中华人民共和国坚持独立自主的和平外交政策,坚持互相尊重主权和领土完整、互不侵犯、互不干涉内政、平等互利、和平共处的五项原则,维护以联合国为核心的国际体系和以国际法为基础的国际秩序,发展同世界各国的友好合作,推动构建人类命运共同体。

第三条 中华人民共和国反对霸权主义和强权政治,反对任何国家以任何借口、任何方式干涉中国内政。

外国国家违反国际法和国际关系基本准则,以各种借口或者依据其本国法律对我国进行遏制、打压,对我国公民、组织采取歧视性限制措施,干涉我国内政的,我国有权采取相应反制措施。

第四条 国务院有关部门可以决定将直接或者间接参与制定、决定、实施本法第三条规定的歧视性限制措施的个人、组织列入反制清单。

第五条 除根据本法第四条规定列入反制清单的个人、组织以外，国务院有关部门还可以决定对下列个人、组织采取反制措施：

（一）列入反制清单个人的配偶和直系亲属；

（二）列入反制清单组织的高级管理人员或者实际控制人；

（三）由列入反制清单个人担任高级管理人员的组织；

（四）由列入反制清单个人和组织实际控制或者参与设立、运营的组织。

第六条 国务院有关部门可以按照各自职责和任务分工，对本法第四条、第五条规定的个人、组织，根据实际情况决定采取下列一种或者几种措施：

（一）不予签发签证、不准入境、注销签证或者驱逐出境；

（二）查封、扣押、冻结在我国境内的动产、不动产和其他各类财产；

（三）禁止或者限制我国境内的组织、个人与其进行有关交易、合作等活动；

（四）其他必要措施。

第七条　国务院有关部门依据本法第四条至第六条规定作出的决定为最终决定。

第八条　采取反制措施所依据的情形发生变化的，国务院有关部门可以暂停、变更或者取消有关反制措施。

第九条　反制清单和反制措施的确定、暂停、变更或者取消，由外交部或者国务院其他有关部门发布命令予以公布。

第十条　国家设立反外国制裁工作协调机制，负责统筹协调相关工作。

国务院有关部门应当加强协同配合和信息共享，按照各自职责和任务分工确定和实施有关反制措施。

第十一条　我国境内的组织和个人应当执行国务院有关部门采取的反制措施。

对违反前款规定的组织和个人，国务院有关部门依法予以处理，限制或者禁止其从事相关活动。

第十二条　任何组织和个人均不得执行或者协助执行外国国家对我国公民、组织采取的歧视性限制措施。

组织和个人违反前款规定，侵害我国公民、组织合法权益的，我国公民、组织可以依法向人民法院提起诉讼，要求其停止侵害、赔偿损失。

第十三条　对于危害我国主权、安全、发展利益的行为，除本法规定外，有关法律、行政法规、部门规章可以规定采取其他必要的反制措施。

第十四条 任何组织和个人不执行、不配合实施反制措施的，依法追究法律责任。

第十五条 对于外国国家、组织或者个人实施、协助、支持危害我国主权、安全、发展利益的行为，需要采取必要反制措施的，参照本法有关规定执行。

第十六条 本法自公布之日起施行。

实施《中华人民共和国反外国制裁法》的规定

（2025年3月21日国务院第55次常务会议通过　2025年3月23日中华人民共和国国务院令第803号公布　自公布之日起施行）

第一条　根据《中华人民共和国对外关系法》、《中华人民共和国反外国制裁法》（以下简称反外国制裁法）等法律，制定本规定。

第二条　反外国制裁工作贯彻总体国家安全观，维护国家主权、安全、发展利益，保护我国公民、组织的合法权益。

第三条　外国国家违反国际法和国际关系基本准则，以各种借口或者依据其本国法律对我国进行遏制、打压，对我国公民、组织采取歧视性限制措施，干涉我国内政的，或者外国国家、组织、个人实施、协助、支持危害我国主权、安全、发展利益的行为的，国务院有关部门根据反外国制裁法和本规定，有权决定将有关组织、个人及与其相关的组织、个人列入反制清单、采取反制措施。

第四条 国务院有关部门在实施反外国制裁法和本规定过程中，有权开展相应调查和对外磋商。

第五条 国务院有关部门作出采取反制措施的决定，应当明确反制措施的适用对象、具体反制措施、施行日期等。

第六条 反外国制裁法第六条第一项中的不予签发签证、不准入境、注销签证或者驱逐出境，由国务院外交、国家移民管理等有关部门，依照职责权限实施。

第七条 反外国制裁法第六条第二项中的查封、扣押、冻结，由国务院公安、财政、自然资源、交通运输、海关、市场监督管理、金融管理、知识产权等有关部门，依照职责权限实施。

反外国制裁法第六条第二项中的其他各类财产，包括现金、票据、银行存款、有价证券、基金份额、股权、知识产权、应收账款等财产和财产权利。

第八条 反外国制裁法第六条第三项中的禁止或者限制我国境内的组织、个人与其进行有关交易、合作等活动，包括但不限于教育、科技、法律服务、环保、经贸、文化、旅游、卫生、体育领域的活动，由国务院教育、科技、司法行政、生态环境、商务、文化和旅游、卫生健康、体育行政等有关部门，依照职责权限实施。

第九条　反外国制裁法第六条第四项中的其他必要措施，包括但不限于禁止或者限制从事与我国有关的进出口活动，禁止或者限制在我国境内投资，禁止向其出口相关物项，禁止或者限制向其提供数据、个人信息，取消或者限制其相关人员在我国境内工作许可、停留或者居留资格，处以罚款。

第十条　国务院外交、商务、发展改革、司法行政等部门按照各自职责和任务分工，负责承担反外国制裁工作协调机制相关工作。国务院有关部门加强对反制措施确定和实施的协同配合和信息共享。

第十一条　国务院有关部门作出采取、暂停、变更或者取消有关反制措施决定的，应当通过其官方网站等途径发布并及时更新。

第十二条　反制措施需要国务院其他部门实施的，作出采取、暂停、变更或者取消反制措施决定的国务院有关部门应当按照相关程序，将反制措施的决定通报负责实施的国务院有关部门。

收到反制措施决定的国务院有关部门，应当依照职责分工实施。

第十三条　国务院有关部门对不依法执行反制措施的，有权责令改正，禁止或者限制其从事政府采购、招标投标以及有关货物、技术的进出口或者国际服务贸易等活动，禁止或者限制其从境外接收或者向境外提供数据、个人信息，禁止或者限制其出境、在我国境内停留居留等。

第十四条 采取反制措施的决定公布后，被采取反制措施的组织、个人可以向作出采取反制措施决定的国务院有关部门申请暂停、变更或者取消有关反制措施，申请时应当提供其改正行为、采取措施消除行为后果等方面的事实和理由。

第十五条 作出采取反制措施决定的国务院有关部门可以根据实际情况组织评估反制措施的执行情况和效果。

作出采取反制措施决定的国务院有关部门根据评估结果或者根据对被采取反制措施的组织、个人申请事实和理由的审查情况，可以暂停、变更或者取消有关反制措施。

第十六条 采取反制措施的决定公布后，有关组织、个人在特殊情况下确需与被采取反制措施的组织、个人进行被禁止或者限制的相关活动的，应当向作出采取反制措施决定的国务院有关部门提供相应的事实和理由，经同意可以与被采取反制措施的组织、个人进行相关活动。

第十七条 对执行或者协助执行外国国家对我国公民、组织采取的歧视性限制措施的，国务院有关部门有权进行约谈，责令改正，采取相应处理措施。

第十八条 任何组织和个人执行或者协助执行外国

国家对我国公民、组织采取的歧视性限制措施，侵害我国公民、组织合法权益的，我国公民、组织有权依法向人民法院提起诉讼，要求停止侵害、赔偿损失。

第十九条　外国国家、组织或者个人通过推动、实施诉讼等手段危害我国主权、安全、发展利益的，国务院有关部门有权决定将参与诉讼和判决执行等活动的上述主体及与其相关的组织、个人列入反制清单，采取限制入境，查封、扣押、冻结在我国境内的财产，禁止或者限制与其进行有关交易、合作等反制措施，并保留采取强制执行财产以及其他更严厉反制措施的权利。

任何组织和个人均不得执行或者协助执行前款外国国家、组织或者个人推动、实施的诉讼所作出的判决。

第二十条　鼓励支持律师事务所、公证机构等专业服务机构为反外国制裁提供法律服务，包括协助相关组织、个人为执行反制措施实施风险控制管理，代理我国公民、组织就相关组织、个人因执行或者协助执行外国国家歧视性限制措施侵害合法权益向人民法院提起诉讼，办理相关公证业务等。

第二十一条　在实施反外国制裁法和本规定过程中，涉及司法协助相关工作的，由国务院司法行政部门会同主管机关依照我国有关法律、缔结或者参加的国际条约办理。

第二十二条　本规定自公布之日起施行。